Klaus Baumgart

Lauras Stern

Geheimnisvolle
Gutenacht-Geschichten

Text von Cornelia Neudert

Baumhaus

Weitere Titel dieser Reihe:

Lauras Stern – Gutenacht-Geschichten – auch als Lübbe Audio
Lauras Stern – Neue Gutenacht-Geschichten – auch als Lübbe Audio
Lauras Stern – Traumhafte Gutenacht-Geschichten – auch als Lübbe Audio
Lauras Stern – Zauberhafte Gutenacht-Geschichten – auch als Lübbe Audio
Lauras Stern – Wunderbare Gutenacht-Geschichten – auch als Lübbe Audio
Lauras Stern – Fantastische Gutenacht-Geschichten – auch als Lübbe Audio

Dieser Titel ist auch als Hörbuch und E-Book lieferbar

Baumhaus Verlag in der Bastei Lübbe GmbH & Co. KG

Originalausgabe

Copyright © der Trickfilmbilder: ZDF Enterprises GmbH
Copyright © 2011 by Bastei Lübbe GmbH & Co. KG, Köln

Text- und Bildredaktion: Sigrid Vieth
Text: Cornelia Neudert, nach Drehbüchern
von Michael Mädel („Das Potzmonee" und „Die Wette")
und Eva Polak („Das kleine Gespenst")
Satz & Lithos: Helmut Schaffer, Hofheim
Gesetzt aus der Goudy
Druck und Einband: Himmer AG, Augsburg

Printed in Germany
ISBN 978-3-8339-0081-5

5 4 3 2 1

Sie finden uns im Internet unter www.baumhaus-verlag.de
Bitte beachten Sie auch www.luebbe.de

Inhalt

Laura hat einen ganz besonderen Freund, ihren Stern.
Sie erzählt ihm von allem, was so passiert: von Tommy,
ihrem kleinen Bruder, von Sophie, ihrer Freundin, und
von Mama und Papa. Sie erzählt ihm, ob sie traurig ist
oder fröhlich oder ängstlich oder mutig.
Und manchmal kommt der Stern mit seinem
glitzernden Sternenlicht zu ihr …

Das Potzmonee

„Und Schuss und Tor!"
Tommy spielt mit seinem Freund Benjamin im Hof Ball. Sie kicken schon fast so gut wie Fußballprofis.
„Pass mal auf!", ruft Tommy. „Jetzt kommt ein Superspezialschuss!"
Er tritt gegen den Ball und der fliegt in hohem Bogen durch die Luft. Benjamin rennt, um ihn zu erwischen.
Aber – oje! Der Ball springt durch den Torbogen hinaus auf die Straße!

Zum Glück rollt er nicht weit, sondern bleibt am Rand des Gehwegs neben einem Auto liegen.

„Komm!", ruft Tommy Benjamin zu und will durch den Torbogen hinaus auf den Gehweg laufen.

Doch Benjamin hält ihn zurück.

„Ich darf nicht auf die Straße!", sagt er.

„Ich auch nicht", erwidert Tommy. „Aber es ist nicht auf der Straße. Es nur am Straßenrand!"

Benjamin schüttelt den Kopf.

„Der Straßenrand gehört auch zur Straße", sagt er.

Tommy weiß genau, dass Benjamin recht hat.

Aber wie sollen sie ihren Ball sonst zurückbekommen? Sie wollen doch weiterspielen! Und es ist auch nur ein ganz kurzes Stück.

Tommy reicht Benjamin seinen Beschütz-mich-Hund.
„Pass gut auf ihn auf!", schärft er seinem Freund ein. Der Holzhund ist nämlich Tommys größter Schatz.
Dann schlüpft er durchs Tor nach draußen.

Er schnappt sich den Ball und will schon wieder zurück in den Hof, da sieht er etwas unter dem Auto liegen: eine Geldbörse!

Tommy hebt die Börse auf und läuft damit zu Benjamin. Zusammen mit seinem Freund untersucht er den Fund.

„Cool!", meint Benjamin. „Ob da viel Geld drin ist?"

Von der anderen Seite des Hofes kommen Laura und Sophie zu den beiden herüber.

„Ich hab ein Potzmonee gefunden!", platzt Tommy sofort heraus und zeigt ihnen den Geldbeutel.

„Ein Portemonnaie meinst du", verbessert Sophie.

„Das ist aber ganz schön dick!", staunt Laura.

„Es gehört jetzt mir!", sagt Tommy stolz.

„Wo hast du es denn gefunden?", will Laura wissen.

Tommy wird verlegen und schielt dabei Richtung Torbogen.

„Warst du etwa auf der Straße?", fragt Laura erschrocken, die bemerkt hat, wohin er schaut.

„Aber nur ganz kurz und nur am Rand", verteidigt sich Tommy.
„Weil doch der Ball weg war und … und … sag es bitte nicht Papa,
ja? Sonst schimpft er und ich darf vielleicht nicht mehr allein im
Hof spielen!"
Tommy sieht seine Schwester ängstlich an.
„Keine Angst! Ich bin doch keine Petze", beruhigt ihn
Laura. „Sollen wir uns das Portemonnaie
jetzt mal genauer
ansehen?", schlägt
Sophie vor.

Doch noch ehe die Kinder die Geldbörse öffnen können, kommt Harry mit seinen Freunden.

Es interessiert ihn immer, was die Kleinen so treiben – weil er sie liebend gerne ärgert.

Als Laura ihn kommen sieht, versteckt sie das Portemonnaie schnell unter ihrem Pulli.

„Was habt ihr denn da?", fragt Harry.

„Tommy hat ein Portemonnaie gefunden!", sagt Benjamin.

Harry behauptet sofort: „Das ist meins! Ich hab's grade erst verloren!"

Doch Laura glaubt ihm nicht.

„Welche Farbe hat es denn?", fragt sie.

„Äh – schwarz!", antwortet Harry.

Laura schüttelt den Kopf.

„Ich meine, braun!", probiert Harry es ein zweites Mal.

Laura holt das Portemonnaie unter ihrem Pulli heraus.

„Es ist rot", sagt sie. „Also ist es nicht deins."

Wütend zieht Harry ab. Aber er und seine Kumpels beobachten von
Weitem, wie Laura und ihre Freunde den Geldbeutel untersuchen.
Es ist haufenweise Geld darin!

Ein ganzer Pack Scheine
und ein paar Münzen.
„Das ist jetzt alles meins!",
ruft Tommy mit leuchtenden
Augen.

Abends spricht Laura mit
ihrem Stern, wie fast jeden
Tag. Sie zeigt ihm das
Portemonnaie.
„Tommy kann sich für das
Geld ganz tolle Sachen
kaufen!", schwärmt sie.

Doch während sie ihren Stern betrachtet, beginnt sie zu überlegen. Die Geldbörse gehört doch eigentlich jemand anderem! Der hat sie verloren und ist jetzt sicher traurig und verzweifelt, weil das viele Geld weg ist!

Laura schleicht zu Tommy ins Zimmer. Er schläft schon, aber sie rüttelt ihn wach.

„Ich glaub, wir dürfen das Portemonnaie nicht behalten", sagt sie. „Irgendjemand hat es verloren, und dem fehlt es jetzt."

„Aber gefunden ist gefunden!", protestiert Tommy. „Ist doch seine Schuld, wenn der was verliert!"

Laura weiß nicht, wie sie Tommy überzeugen kann. Doch dann fällt ihr Blick auf den Abendhimmel. Über den Dächern leuchtet ihr Stern so hell und ruhig, und Laura hat plötzlich eine Idee.

„Weißt du noch, wie du einmal deinen Beschütz-mich-Hund auf der Straße verloren hast?", fragt sie.

Tommy erinnert sich noch genau. Er drückt seinen Hund gleich fest an sich.

„Wenn den jemand vor uns gefunden hätte, hätte er ihn behalten dürfen?"

„Nein!", ruft Tommy empört. „Auf keinen Fall! Das ist meiner!" Laura nickt.

„Und was machen wir jetzt mit dem Portemonnaie?", fragt sie.

„Wir geben es zurück", seufzt Tommy. „Nur, wie finden wir heraus, wem es gehört?"

„Wir fragen Mama und Papa!"

Und genau das tun die beiden dann auch.

Papa sagt: „Wir bringen das Portemonnaie gleich morgen ins Fundbüro. Es sind ja leider keine Ausweise drin, auf denen wir lesen könnten, wem es gehört."

„Was ist denn ein Fundbüro?", will Tommy wissen.

„Dort werden alle Sachen gesammelt, die jemand verloren hat", erklärt Mama. „Wenn du

etwas verlierst, kannst du auch dorthin gehen und fragen, ob es abgegeben worden ist. Und wenn du Glück hast, bekommst du es zurück."

„Wo hast du das Portemonnaie denn eigentlich gefunden?", fragt Papa Tommy.

„Äh, ich, also", stottert Tommy überrascht. „Im Sandkasten", antwortet er dann schnell. Denn wenn er sagt, dass er auf der Straße war, schimpfen Mama und Papa ganz bestimmt.

Laura nickt ihm zu.

Am nächsten Vormittag gehen Tommy, Laura, Papa, Sophie und Benjamin gemeinsam los, um die Geldbörse zum Fundbüro zu bringen. Aber schon auf dem Hof kommt ihnen einer von Harrys Freunden entgegen. Er sieht etwas ängstlich aus, und er stammelt:

„Ich, also, das Portmo-dings, äh, ich habe gestern meinen Geldbeutel verloren! Er ist rot, und es sind, also, massig Scheine drin. Und ein Haufen Münzen. Und jetzt will ich's wiederhaben!"

Dabei schielt er zu Lauras Papa hinüber.

Laura runzelt die Stirn.

„Du lügst doch!", ruft sie. „Harry hat dich geschickt! Es ist gar nicht dein Portemonnaie!"

„Doch, ist es wohl!", entgegnet der Junge. Aber es klingt gar nicht überzeugend, und er macht dabei einen Schritt rückwärts.

Papa lächelt.

„Na ja, wenn es dir wirklich gehört, sollst du es wiederhaben", sagt er. „Aber ich wundere mich schon, dass ein so großer Junge wie du noch im Sandkasten spielt! Dort hat Tommy das Portemonnaie doch gefunden!"

„Aber klar hab ich's im Sandkasten verloren! Da, äh, da backen wir manchmal Sand-kuchen! Kann ich's jetzt endlich wiederhaben?"

Der Junge macht wieder einen Schritt nach vorn und streckt fordernd die Hand aus.

Da wird Tommy wütend. Es ist ihm plötzlich egal, dass Papa mit ihm schimpfen wird.

„Ich hab's aber gar nicht im Sandkasten gefunden!", ruft er. „Es lag auf der Straße!"

Papa macht sofort ein verärgertes Gesicht.

„Du warst auf der Straße?", fragt er Tommy.

„Ja", gibt Tommy kleinlaut zu. „Der Ball war doch da hingerollt. Ich hab gelogen, Papa. Es tut mir leid."

Papa sieht ihn mit gerunzelter Stirn an.

Doch dann wendet er sich plötzlich dem großen Jungen zu.
„Wenn das so ist, dann hat aber nicht nur Tommy gelogen! Denn
dann konnte das Portemonnaie ja gar nicht im Sandkasten liegen!"
Der Junge stolpert rückwärts.
„Ich, äh, muss ganz schnell mal weg. Mir ist was Wichtiges einge-
fallen", stottert er. Und schon rennt er davon, so schnell er kann.
Tommy lässt den Kopf hängen. Aber Papa kniet sich zu ihm und
sagt: „Immerhin hast du zugegeben, wo du das Portemonnaie gefunden hast."

„Außerdem", fügt Benjamin hinzu, „war's gar nicht auf der Straße. Es war am Straßenrand. Da, wo jetzt die Frau steht und so komisch auf den Boden guckt!"
Er zeigt zum Torbogen.
Alle schauen hinüber.

Tatsächlich! Die Frau scheint etwas zu suchen!
Laura und Sophie laufen zu ihr hinaus.

„Haben Sie was verloren?", fragt Laura die Frau.
„Ja", antwortet die Frau unglücklich. „Gestern habe ich hier irgendwo mein Portemonnaie verloren. Es ist rot, also recht auffällig. Das hat bestimmt schon jemand gefunden. Aber wer gibt schon eine Geldbörse voller Geld zurück?"
Laura und Sophie lächeln sich an.
„Wir wissen da vielleicht einen", antwortet Laura.

Jetzt sind auch Tommy und die anderen
dazugekommen.
Papa nickt Tommy zu, und der geht
zu der Frau und gibt ihr das
Portemonnaie.
Sie guckt erst ganz ungläubig, dann
macht sie es auf und schaut hinein.
Und plötzlich beginnt sie übers ganze
Gesicht zu strahlen.

Vor dem Schlafengehen erzählt Laura ihrem Stern, wie die Geschichte mit dem Portemonnaie ausgegangen ist.

„Zum Dank hat die Frau Tommy eine riesige Tüte mit Gummibärchen geschenkt. Als Finderlohn!", erklärt sie. „Die hat er dann mit uns allen geteilt."

Laura schiebt sich eins der Gummibärchen in den Mund.

„Mmmm! Schmeckt fein, so ein Finderlohn!", sagt sie, und ihr Stern wirft sein funkelndes Licht über sie.

Die Wette

„Jetzt lass mich doch endlich mal ausreden!" – „Ich? Du quasselst doch dauernd dazwischen, du Plappermaul!" – „Selber Plappermaul!" – „Ich wollte dir gerade erzählen, wo mein neues Geheimversteck ist! Aber du kannst ja nicht zuhören, weil du immer den Mund offen haben musst!" – „Gar nicht wahr!"

Laura und ihre Freundin Sophie streiten sich. Das kommt nicht oft vor. Aber manchmal eben doch.

„Ich erzähl dir kein Geheimnis mehr", sagt Sophie jetzt böse. „Denn du kannst deinen Mund nicht halten!"

„Kann ich wohl!", ruft Laura. „Ich kann schweigen! Sogar einen ganzen Tag lang! Wetten?"

„Ich wette, das schaffst du nie!", entgegnet Sophie.
„Und ich wette, dass ich es doch schaffe!", erwidert Laura. „Gleich morgen schweige ich den ganzen Tag!"
Sophie ergänzt noch: „Wenn du es schaffst, erzähl ich dir mein Geheimnis. Und wenn nicht, verrate ich dir nie wieder eins!"

Die beiden geben sich die Hände und sagen: „Die Wette gilt!"

Am Abend erzählt Laura ihrem Stern von der Wette.
„Ich werde es Sophie schon zeigen!", sagt sie trotzig. „Nicht ein ein-
ziges Wort werde ich sagen! Und dann muss sie mir ihr Geheimnis
verraten!"
Schön und klar strahlt der Stern am Himmel. Und während Laura
zu ihm hinaufsieht, vergeht auf einmal ihre Wut auf Sophie.
Die Wette kommt ihr plötzlich doof vor. Es ist nicht einfach, nichts
zu sagen. Was ist, wenn Laura es nicht schafft? Ist Sophie dann
überhaupt noch ihre Freundin?
Laura wird ein bisschen ängstlich.
Sie braucht etwas, das sie an die Wette erinnert!

In ihrer Perlenschachtel hat sie eine
Perle, die aussieht wie ein kleiner
Stern. Es ist ihre Lieblingsperle.
Laura fädelt sie auf ein Band.
Morgen wird sie die Kette um ihren
Hals tragen, und der Stern wird
dafür sorgen, dass sie die Wette nicht
vergisst.

Am nächsten Morgen
wird Laura von Tommy
geweckt.
„Rate, was uns Papa
zum Frühstück macht!",
ruft er.
Gerade noch rechtzeitig
fällt Lauras Blick auf die
Kette mit dem Stern.
Schnell hält sie sich den
Mund zu.
„Es gibt Apfelringe!",
verrät Tommy.

Nach dem Anziehen – Laura streift sich gerade die Kette mit dem Stern über den Kopf – klingelt es an der Wohnungstür. Es ist Sophie. „Guten Morgen!", sagt sie. „Du denkst hoffentlich noch an unsere Wette von gestern?"

Laura nickt und legt sich den Finger an die Lippen.

Sophie bleibt zum Frühstück und kontrolliert, ob Laura ihre Wette auch hält. Und Laura schweigt wirklich während des ganzen Frühstücks.

Papa begreift schon nach wenigen Minuten, dass Laura heute nicht spricht.

„Oh! Hast du ein Schweigegelübde abgelegt?", fragt er.

Laura nickt. Sie weiß zwar nicht genau, was das ist, aber es klingt ganz passend.

Dann geht Laura mit Sophie in ihr Zimmer spielen. Sophie versucht immer wieder, Laura zum Sprechen zu bringen. Aber Laura hat ja ihren Stern, der sie erinnert. Langsam macht es ihr sogar Spaß, nichts zu sagen.

Bis das Telefon klingelt. Papa ist dran. Er ist mit Tommy im Supermarkt beim Einkaufen.

Papa sagt: „Laura, hier gibt es schöne Malkreiden. Tommy meint, du hast keine mehr. Soll ich dir welche mitbringen?"

„Ja, klar!", will Laura antworten.
Doch gerade noch rechtzeitig erinnert ihr Sternenanhänger sie an ihre Wette.

Papa am anderen Ende wird ungeduldig. Anscheinend hat er schon
wieder vergessen, dass Laura heute schweigt.
„Was ist jetzt, Laura? Willst du die Kreiden? Ja oder nein?"
Sophie steht im Flur und grinst. Da fällt Lauras Blick auf eine
Schale mit Keksen. Sie hält Sophie einen davon hin – zusammen
mit dem Telefonhörer.
„O ja, danke!", sagt Sophie und nimmt den Keks.
Papa am anderen Ende hört ihre Antwort.
„Gut, dann kaufe ich die Kreiden", sagt er.
Laura nickt zufrieden.
Das ist grade noch mal
gut gegangen.

Später, als Papa und Tommy wieder vom Einkaufen zurück sind, wollen Sophie und Laura hinunter in den Hof.
Aber Papa will, dass Laura ihr Zimmer aufräumt. Und wer nicht spricht, kann auch nicht maulen. Also geht Laura ohne Widerrede Ordnung machen.

Während sie ihre Spielsachen aufhebt, fällt ihr Blick durch das Fenster. Sie bemerkt Harry und seine Freunde, die in einer Ecke des Hofes an etwas herumbasteln. Sie hängen einen Wassereimer in einen Baum. Die Schnur am Eimer ziehen sie ins Gebüsch.
Was soll das denn?

Die Jungs legen einen kleinen Spielzeugroboter unter den Baum und schalten ihn ein, sodass er blinkt und piepst. Dann verstecken sich die drei im Gebüsch.

In diesem Moment kommt Sophie in den Hof. Sie hört das Piepsen und sieht sich suchend um.

Wenn sie zum Roboter geht, kommt sie direkt unter dem Wassereimer vorbei.

Und wenn dann jemand an der Schnur zieht …

O nein! Harry und seine fiesen Freunde haben eine Falle gebaut! Und Sophie ist gerade dabei, hineinzutappen!

Laura macht schon den Mund auf, um Sophie eine Warnung zuzurufen, da fällt ihr die verflixte Wette ein. Schnell klappt sie den Mund wieder zu und rennt die Treppe hinunter in den Hof.

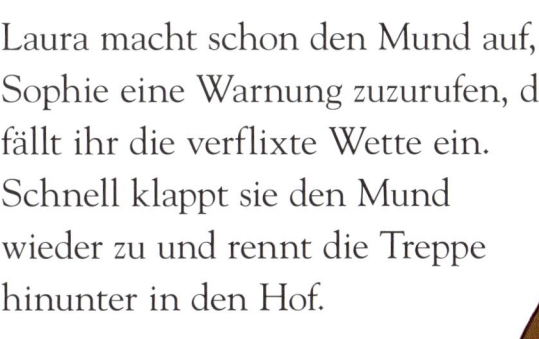

Sophie ist noch nicht
unter dem Eimer angekommen.
Laura wedelt mit den Armen,
um Sophie zu warnen.
Aber es nützt nichts.
Also schreit Laura:
„Vorsicht, Sophie!
Über dir, im Baum!"

Sophie schaut nach oben. Sie entdeckt den Eimer und die Schnur, die ins Gebüsch führt. Hinter den Zweigen spähen die drei Jungs hervor.

„Ich seh euch!", ruft Sophie ihnen zu. „Und eure doofe Falle hab ich auch schon längst gesehen!"

Dann streckt sie den Jungen die Zunge raus.

Harry ist so wütend, dass er aus seinem Versteck gestürmt kommt. Dabei stolpert er über die Schnur.

Der Eimer kippt herunter und übergießt Harry mit Wasser.
Er ist in seine eigene Falle getappt und nass von oben bis unten.
Laura und Sophie müssen so lachen, dass sie kaum noch Luft
bekommen.

Später ist Laura allerdings ganz niedergeschlagen, weil sie die Wette verloren hat.

Aber Sophie sagt: „Du hast doch nur gesprochen, um mich vor Harrys Dusche zu warnen! Ich finde, so ein Notfall ist wichtiger als eine dumme Wette. Wollen wir uns wieder vertragen?"

Und dann erzählt sie Laura ihr Geheimnis. Ganz leise flüstert sie es ihr ins Ohr.

Laura lauscht, und glücklich streicht sie mit der Hand über ihren Anhänger mit dem Stern.

Das Gespenst

Laura ist müde.

Nachdem Mama ihr „Gute Nacht" gesagt und das Licht ausgeknipst hat, kuschelt sie sich in ihr Kissen und macht die Augen zu.

Sie ist schon fast eingeschlafen, da schreckt sie plötzlich wieder hoch.

War da nicht ein Geräusch?

Laura richtet sich auf und knipst ihre Nachttischlampe an.

Nein, da ist nichts.

Durch einen Spalt zwischen den Vorhängen scheint Lauras Stern
zum Fenster herein.

Laura macht das Licht wieder aus. Aber diesmal findet sie nicht gleich
in den Schlaf. Laura horcht – und tatsächlich! Da ist es wieder!

„Mama! Papa!", schreit Laura ängstlich.

Einen Moment später kommen ihre Eltern ins Zimmer gestürzt.

„Was ist denn los, mein Schatz?", fragt Mama.

„Da war irgendwas!", sagt Laura.

„Was denn?", fragt Papa.

„Das weiß ich nicht, aber ich hab was gehört! Ein Geraschel!",
antwortet Laura.

Mama lächelt und nimmt sie in den Arm.

„Das hast du ganz bestimmt nur geträumt", sagt sie.

„Nein! Ich hab doch noch gar nicht geschlafen!", widerspricht Laura.

„Vielleicht warst du aber gerade am Einschlafen", sagt Mama. „Das
kenn ich. Man ist noch ein bisschen wach, aber der Traum ist auch
schon da."

Mama und Papa geben Laura einen Kuss, dann sagen sie wieder
„Gute Nacht" und machen die Zimmertür hinter sich zu.

Laura schließt die Augen.

Aber schon hört sie es wieder! Ein Rascheln und Knistern am anderen Ende des Zimmers!

„Mama!! Papa!!", schreit Laura. „Kommt zurück!!"

Die Zimmertür wird erneut aufgerissen, das Licht angeknipst.

„Da ist doch was!", ruft Laura. „Jetzt hab ich es schon wieder gehört!"

„Gut, dann wollen wir mal nachsehen", sagt Papa.

Er öffnet die Schranktür und guckt in die Spielzeugkiste.

„Nichts."

Er schaut unters Bett.

Mama macht währenddessen das Fenster
auf. Ein Windstoß fährt herein.
„Es ist ganz stürmisch", meint sie.
„Sicher hat draußen was geklappert."
„Und du hast bloß eine wilde
Fantasie, Laura", ergänzt Papa.
Er hebt einen Spielzeugdrachen auf, der
unters Bett gerutscht ist. „Jetzt wird
aber geschlafen! Wir wollen nichts
mehr hören!"
„Na gut", seufzt Laura.

Wieder knipsen ihre Eltern das Licht aus und schließen die Tür.
Laura liegt im Dunkeln und lauscht.

Plötzlich geht leise die Zimmertür auf.
Laura hält den Atem an. Ihr Herz klopft.
Aber es ist nur Tommy.
Er hat Laura rufen hören und kommt jetzt zu ihr ins Bett gekrochen.

„Ich weiß, was in deinem Zimmer war!", flüstert er. „Ein Gespenst!"
„Es gibt keine Gespenster", entgegnet Laura, obwohl sie da selbst
nicht so sicher ist.
Sie hat das Geraschel ja deutlich gehört!
„Doch, es gibt sie!", widerspricht Tommy auch gleich. „Sie können
durch Wände gehen und rasseln mit ihren Ketten! Sie leuchten weiß
und heulen ganz unheimlich!"
Er drückt seinen Beschütz-mich-Hund fest an sich.
Laura fühlt sich auch ganz unbehaglich.

Aber dann fällt
wunderbar helles, glitzern-
des Sternenlicht über ihr Bett.
Mein Stern!, denkt Laura glücklich. Sie
hat mit einem Mal gar keine Angst mehr.
„Wie gut, dass du da bist!", flüstert sie.
Und dann schlafen sie und Tommy endlich
ein – obwohl es in der Zimmerecke immer
noch ab und zu leise raschelt …

Am nächsten Tag hat Laura einen Entschluss gefasst: Sie will das
Gespenst fangen! Beim Zähneputzen erzählt sie Tommy von ihrem
Plan. „Aber wie baut man eine Gespensterfalle?", fragt er halb
ängstlich, halb neugierig.
„Ich denk mir schon was aus", antwortet
Laura.

Sie besorgt eine große Rolle Schnur und Klebeband.
„Irgendwas fehlt noch", überlegt sie.
Gut, dass Mama mit ihr und Tommy später Apfelkuchen bäckt.

Während Tommy Apfelstücke nascht, rollt Laura
den Teig aus. Damit er nicht auf ihrem Arbeits-
brett festklebt, hat sie Mehl daraufgestreut.
Überall wo Laura mit dem Finger in das Mehl
tupft, sind ihre Fingerspuren zu sehen.
Genau das ist es, was für die Falle noch
fehlt!
Heimlich füllt Laura eine Tasse mit Mehl
und trägt sie in ihr Zimmer.

Am Abend tun Laura und Tommy so, als wären sie sehr müde.
Aber kaum sind ihre Eltern aus dem Zimmer, springen sie wieder
aus dem Bett.
„So, jetzt wird die Falle gebaut!", sagt Laura.

Sie und Tommy beginnen, im
ganzen Zimmer Schnüre zu
spannen. Danach machen sie
am Fenster, an der Tür und
auch an den Schnüren
Klebeband fest. Daran soll
das Gespenst hängen
bleiben. Zum Schluss ver-
streuen sie auf dem ganzen
Fußboden Mehl.

Als sie fertig sind, sieht Laura
zum Fenster hinaus.

„Ist das alles richtig so?",
fragt sie ihren Stern.
Er schwebt ein Stück näher und wirft
seinen Schein ins Zimmer.
Laura sieht sich auch noch einmal um:
die Schnüre, das Klebeband, das Mehl –
ja! Das sieht gut aus.
„Jetzt brauchen wir nur noch einen
Köder", sagt sie.
Tommy und Laura haben Kekse,
Würstchen und noch andere Dinge
als Proviant mitgenommen,
falls sie beim Gespensterfangen
Hunger bekommen.
Tommy betrachtet das Essen.
„Meinst du wirklich, dass Gespenster
so was mögen?", fragt er zweifelnd.
Laura zuckt mit den Schultern.
„Keine Ahnung. Aber es kann ja
nichts schaden", antwortet sie.
Also legen sie etwas davon auf den
Boden, den Rest essen sie auf.
Dann kuscheln sich die beiden ins Bett
und warten.

Plötzlich hört Laura wieder das Geräusch.

Sie schaut sich um und sieht im Licht ihres Sterns …

„Da!", schreit sie. „Schau doch, Tommy!"

„Was?? Wo ist das Gespenst?!"

„Kein Gespenst!", ruft Laura. Sie zeigt Richtung Zimmertür. „Eine Maus!"

Tatsächlich! Eine winzig kleine Maus sitzt auf dem Teppich und knabbert an einem Stück Wurst.

„Aaah!", schreit Tommy erschrocken.

„Mama! Papa!"

Die Tür fliegt auf. Mit einem Ratsch reißt das Klebeband ab, das Laura und Tommy dort angepappt haben. Papa kommt hereingelaufen und verfängt sich sofort in den Schnüren, die kreuz und quer im Zimmer hängen.

„Was ist denn hier los?", ruft er, wedelt mit den Armen und verwickelt sich noch mehr in den Schnüren.

Mama, die hinter ihm ins Zimmer kommt, knipst das Licht an und schaut sprachlos auf das Durcheinander.

„Es war nicht der Wind!", schreit Laura. „Es war eine Maus! Da rüber ist sie gelaufen!"

Alle schauen in die Richtung, in die Laura zeigt. Und dort in dem Mehl, das auf dem Boden liegt, ist deutlich die Spur der Maus zu sehen. Sie führt in eine Ecke des Zimmers zu einem kleinen Loch in der Bodenleiste.

„O nein", stöhnt Papa und versucht, sich aus den Fäden zu befreien.

„Das gibt's doch nicht!", meint Mama und muss lachen.

Kurz darauf sitzen alle in der Küche und trinken warmen Tee.
Das beruhigt nach einer aufregenden Gespensterjagd.
Papa sagt: „Es tut uns wirklich leid, Laura, dass wir dir nicht
geglaubt haben! Wer hätte gedacht, dass sich eine Maus in dein
Zimmer geschlichen hat!"
„Und was machen wir jetzt mit ihr?", fragt Laura.
„Da hilft nur eine Mausefalle", antwortet Mama.
„Wir wollen aber eine Lebendfalle", verlangt Laura.
„Genau", bekräftigt Tommy. „Und wenn wir die Maus gefangen
haben, bringen wir sie in den Park und lassen sie frei. Dann kann
sie dort weiterspuken!"

Ehe Laura an diesem Tag endlich ins Bett kriecht und einschläft,
schaut sie noch einmal durchs Fenster hinauf zu ihrem funkelnden
Stern.
Sie ist glücklich. Ob Gespenster oder Mäuse: Sie muss sich vor
nichts fürchten. Ihr Stern passt auf sie auf.
Laura winkt ihm zu, und ihr Stern winkt mit einem Lichtstrahl
zurück.

Klaus Baumgart, Jahrgang 1951, gehört mit seinen weltweit über 5 Millionen verkauften Büchern zu den international erfolgreichsten Bilderbuchkünstlern. Die Bücher des renommierten Grafikdesigners, für die er zahlreiche internationale Preise und Auszeichnungen erhielt, werden in über 30 Sprachen veröffentlicht. Zu Klaus Baumgarts Gesamtwerk gehören neben der erfolgreichen Reihe *Lauras Stern* auch die beliebten *Tobi*-Bücher über das kleine grüne Ungeheuer und die Gespenstergeschichte *Elli – Ungeheuer geheim*. Der Zeichentrickfilm *Lauras Stern* lief sehr erfolgreich in den deutschsprachigen Kinos und wurde 2005 als bester deutscher Kinder- und Jugendfilm ausgezeichnet. 2009 folgt das zweite Kinoabenteuer *Lauras Stern und der geheimnisvolle Drache Nian*.
Neben seiner Tätigkeit als Bilderbuchmacher unterrichtet Klaus Baumgart an der FHTW Berlin im Fachbereich Kommunikationsdesign. Er lebt mit seiner Frau und Hund Barny in der Nähe von Berlin.

Cornelia Neudert wurde 1976 in Eichstätt geboren. Sie studierte deutsche und englische Literaturwissenschaft sowie Kunstgeschichte. Seit vielen Jahren macht sie beim Bayerischen Rundfunk Radioprogramm für Kinder.
In Zusammenarbeit mit Klaus Baumgart schrieb sie die Texte zu den Filmbüchern *Das große Lauras Stern-Buch* und *Lauras Stern und der geheimnisvolle Drache Nian*, zu der Erstleser-Reihe *Lauras Stern* und den *Lauras Stern Gutenacht-Geschichten*.